2in1
zum Nachschlagen

Grammatik Grundschule

Schroedel

2in1 zum Nachschlagen Grammatik Grundschule

Autorinnen:

Hedi Berens war Grundschulrektorin und Lehrerin. Zudem ist sie Lehrbeauftragte für Schriftspracherwerb an einer Universität. Aus ihrer Feder stammen zahlreiche Schulbücher, Arbeitshefte und Lernhilfen.

Karin Stümpel ist seit 20 Jahren begeisterte Grundschullehrerin.

Druck ^{1}/Jahr 2013

Redaktion: Katrin Spiller
Umschlag: Janssen Kahlert Design & Kommunikation, Hannover
Illustrationen: Thies Schwarz, Hannover
Satz: imprint, Zusmarshausen
Herstellung: Sandra Grünberg
Druck und Bindung: westermann druck GmbH, Braunschweig

ISBN 978-3-507-**22295**-3

Inhaltsverzeichnis

1 Was ist eigentlich Grammatik?
2 Laute und Buchstaben, Vokale und Konsonanten
3 Silben (1)
4 Silben (2)
5 Wortbausteine, Wortfamilien
6 Nomen und Artikel
7 Einzahl- und Mehrzahlform, zusammengesetzte Nomen
8 Die vier Fälle des Nomens
9 Fürwörter
10 Verben
11 Zeitformen der Verben (1)
12 Zeitformen der Verben (2)
13 Adjektive
14 Steigerungsformen der Adjektive, Gegensatzpaare
15 Verhältniswörter, Bindewörter
16 Umstandswörter
17 Satzarten, Satzzeichen (1)
18 Satzzeichen (2)
19 Satzglieder
20 Das Prädikat
21 Das Subjekt
22 Satzergänzungen (Objekte)
23 Umstandsbestimmungen (1)
24 Umstandsbestimmungen (2)
25 Stichwortverzeichnis
▸ Lerntafel (in der Tasche auf der hinteren Umschlag-Innenseite)

So arbeitest du mit 2in1 zum Nachschlagen

Die Überschrift sagt dir, worum es geht

- ▸ Alle wichtigen Erklärungen stehen auf gelbem Hintergrund.
- ▸ Die Merksätze, die hinter einem Aufzählungszeichen (▸) stehen, sind wichtig. Lies sie so oft, bis du sie wirklich verstanden hast.
- ▸ Das, worauf du besonders achten musst, ist in roter Schrift gedruckt.

Beispiele, die zu einer Erklärung oder einem Merksatz gehören, stehen auf weißem Hintergrund.

Zusätzliche Informationen findest du auf diesen Zetteln!

1 Was ist eigentlich Grammatik?

- Das Wort **Grammatik** stammt aus dem Griechischen und bedeutet ursprünglich „die Kunst des Lesens und Schreibens“.

- Grammatik ist mehr als das Auswendiglernen von Regeln und Begriffen. Grammatik brauchst du zum Sprechen, zum Lesen und zum Schreiben. Wenn du zum Beispiel weißt, zu welcher Wortart ein bestimmtes Wort gehört, fällt es dir leichter zu entscheiden, ob es groß- oder kleingeschrieben wird. Du erfährst außerdem, wie Sätze und Texte aufgebaut sind. So verstehst du sie besser und kannst auch leichter eigene Texte schreiben.

- Das „Baumaterial“ der Grammatik ist unsere Sprache und unsere Schrift. Hier gibt es viel zu entdecken.

Die einzelnen Bausteine sind Buchstaben, Silben, Wortbausteine, Wörter, Sätze, Satzzeichen usw.

- Grammatik ist auch das „Nachdenken über Sprache“, das Erforschen von Sprache bzw. das Untersuchen von Sprache.

- Um unsere Sprache untersuchen und darüber sprechen zu können, brauchst du sprachliches Handwerkszeug. Mit diesem sprachlichen Handwerkszeug macht dich dieses Buch vertraut.

2 Laute und Buchstaben, Vokale und Konsonanten

Laute und Buchstaben

- Laute nennt man die kleinsten Einheiten der gesprochenen Sprache. Man meint, sie hören zu können. Aber man hört und spricht keine Einzellaute, sondern Lautfolgen. Nur wenn man wie ein Roboter langsam und ganz deutlich spricht, kann man die einzelnen Laute voneinander unterscheiden. Man nennt dies lautieren.

- Buchstaben sind die Zeichen, die du liest und schreibst.
- Buchstaben sind im Alphabet geordnet. Das Alphabet hat 26 Buchstaben. Jeder Buchstabe hat einen Namen.

1	2	3	4	5	6	7	8	9	10	11	12	13
A	B	C	D	E	F	G	H	I	J	K	L	M
14	**15**	**16**	**17**	**18**	**19**	**20**	**21**	**22**	**23**	**24**	**25**	**26**
N	O	P	Q	R	S	T	U	V	W	X	Y	Z

Vokale und Konsonanten

- Das Alphabet besteht aus Vokalen und Konsonanten.

a be ce de e ef ge ha i jot ka el em en o pe qu er
es te u vau we iks ypsilon zet (ä, ü, ö, eszet)

- Vokale (Selbstlaute) sind die Buchstaben **a**, **e**, **i**, **o** und **u**. Sie klingen ohne die Hilfe eines anderen Lautes.
- Vokale können lang oder kurz gesprochen werden.
- Eine besondere Form der Vokale sind die Umlaute **ä**, **ö** und **ü**.
- Auch die Doppellaute (Diphthonge) **au**, **ei**, **äu**, **eu** und **ai** gehören zu den Vokalen. Doppellaute werden immer gedehnt (lang) gesprochen.
- Auch das **ie** wird immer als Langvokal gesprochen.

- Konsonanten (Mitlautbuchstaben) werden alle Buchstaben des Alphabets genannt, die mithilfe eines Vokals klingen.

den – denn, Ofen – offen, raten – Ratte

Hähnchen, Höhle, Hütte

Laute, Leiter, Bäume, Beute, Saite

spielen, Wiese, viel

Alphabet

3 Silben (1)

- Wenn man einen Abzählvers aufsagt, unterteilt man die Wörter beim Sprechen häufig in Silben. Die Silben, die gesprochen werden, nennt man **Sprechsilben**.

- Schaust du in ein Wörterbuch, sind die Wörter dort auch in Silben aufgeteilt. Dabei handelt es sich um **Schreibsilben**.

- Manche Wörter bestehen nur aus einer Silbe.

Der Hund hat vier . Die Maus mag die Milch von der Kuh.

- Die meisten Silben haben einen **Kopf** (Anfangsrand), einen **Kern** und einen **Schwanz** (Endrand).
- Das wichtigste an einer Silbe ist ihr **Kern**. Der Kern ist immer ein Vokal oder Doppellaut.
- Der **Kopf einer Silbe** wird meistens von einem oder mehreren Konsonanten gebildet.
- Auch der **Schwanz einer Silbe** wird meistens von einem oder mehreren Konsonanten gebildet.

1. Silbe			2. Silbe		
Kopf	Kern	Schwanz	Kopf	Kern	Schwanz
H	u	t			
	Au		t	o	
Str	a		ß	e	n
Sp	a	r	g	e	l
K	i	n	d	e	r
	A	p	f	e	l

4 Silben (2)

- Die meisten deutschen Wörter haben zwei Silben.

Die mei – sten Wör – ter in dei – ner Spra – che ha – ben zwei Sil – ben.

- Bei zweisilbigen Wörtern wird die erste Silbe betont. Beim Sprechen ist der Vokal der ersten Silbe deutlich hörbar. Die zweite Silbe ist unbetont. Ihr Kern ist meistens ein unbetontes **e**. Beim Sprechen ist das **e** in der 2. Silbe kaum hörbar.

Man schreibt:

Man spricht und hört:

- Beim Lesen und Schreiben hilft dir das Wissen, dass der Kern der zweiten Silbe meistens ein **e** ist.

Kin – der, Leh – rer, Ta – fel, Stun – de, ler – nen, Far – be

- Die betonte erste Silbe eines Wortes (Vollsilbe) kann offen oder geschlossen sein.

Vo – kal, Sil – be

- Die betonte erste Silbe eines Wortes ist offen, wenn auf den Vokal in der ersten Silbe kein Konsonant folgt. Der Vokal klingt lang.

Schule, Tafel, Note, Pause, Kreide, Wiese
Schu – le, Ta – fel, No – te, Pau – se, Krei – de, Wie – se

- Achtung: Ausnahmen sind Wörter mit **h**.

Le**h** – rer, fa**h** – ren, wo**h** – nen

- Die betonte erste Silbe eines Wortes ist geschlossen, wenn die Silbe mit einem Konsonanten endet. Der Vokal klingt kurz.

Hefte, Stunde, Apfel
Hef – te, Stun – de, Ap – fel

- Achtung: Ausnahmen sind Wörter mit **ch**, **ck** und **sch**. Diese Buchstabengruppen sind einfach unzertrennlich.

la – **ch**en, Ja – **ck**e, Ta – **sche**

5 Wortbausteine, Wortfamilien

- Wörter kann man nicht nur in Silben, sondern auch in **Wortbausteine** gliedern.
- Den wichtigsten Baustein eines Wortes nennt man **Wortstamm**.
- Wörter mit demselben Wortstamm bilden eine **Wortfamilie**.

Trennung nach Silben	Trennung nach Wortbausteinen
ver – kau – fen	ver – kauf – en
Zei – tung	Zeit – ung
	Einkauf
	Einkaufen
	Einkaufswagen
	Verkäufer

Wortbausteine

- **Wortbausteine** können Buchstaben, Buchstabenverbindungen, Silben und Wörter sein.
- Der Wortstamm ist der Kernbaustein eines Wortes. Man kann ihn nicht weiter zerlegen.

Kartenspiel, Fußballspiel, Spielfilm, Spielzeug, Beispiel,
Spieler, spielen, herumspielen, mitspielen, verspielt, spielerisch

- Manche Bausteine verweisen auf eine Wortart.
  Nomen-Bausteine sind zum Beispiel: -ung, -heit, -keit, -schaft, -nis
  Verb-Bausteine sind zum Beispiel: -e, -st, -t, -en
  Adjektiv-Bausteine sind zum Beispiel: -ig, -lich, -isch, -bar

Zeitung, Klugheit, Heiterkeit, Freundschaft, Zeugnis
ich gehe, du gehst, er/sie/es geht, wir gehen, ihr geht, sie gehen
lustig, freundlich, neckisch, wunderbar

- Weitere Bausteine sind zum Beispiel:
  Mehrzahl-Bausteine: -n, -e, -er, -s
  Verkleinerungs-Bausteine: -chen, -lein
  Verbindungs-Bausteine: -n, -s, -t

Schulen, Bleistifte, Kinder, Autos
Teller – Tellerchen, Bauch – Bäuchlein
Lampenschirm, Geburtstag, wesentlich

Die Bausteine in und ei sind Zauberbausteine:
Lehrer – Lehrerin
Bäcker – Bäckerei

Wortfamilien

- Es gibt Wortfamilien, in denen sich der Wortstamm verändert.

denken – der Gedanke – das Gedächtnis – der Verdacht
fahren – er fuhr – die Fährte
fließen – die Flosse – der Fluss – flüssig

- Es gibt Wörter, bei denen die Wortfamilie schwer zu erkennen ist.

Schiedsrichter – entscheiden	ein bisschen – beißen
Fernseher – fern (die Ferne)	Mädchen – die Magd
Erzählung – zählen	Hubschrauber – heben
Weihnachten – die Weihe	ärgern – arg

6 Nomen und Artikel

Das Nomen

- Nomen nennt man auch Hauptwörter, Namenwörter oder Substantive. Ohne Nomen können wir einen Text nicht verstehen.

- Nomen bezeichnen
  - Lebewesen (Menschen, Tiere, Pflanzen),
  - Dinge,
  - Gefühle,
  - Ereignisse.

- Nomen kann man Oberbegriffen zuordnen.
- Nomen schreibt man am Wortanfang groß.

Nomen und Artikel

- Nomen haben ein grammatisches Geschlecht, das heißt, sie sind männlich, weiblich oder sächlich.
  Ihr Geschlecht kann man an ihrem Artikel (Begleiter) erkennen.

männlich	weiblich	sächlich
der Mann	die Frau	das Kind
der Hund	die Sonne	das Haus
der Bleistift	die Tafel	das Lineal

- Sind bestimmte Nomen gemeint, verwendet man bestimmte Artikel.

der, die, das

- Sind unbestimmte Nomen gemeint, verwendet man unbestimmte Artikel.

ein, eine, ein

Das ist der Hamster Goldi.

Goldi ist ein Hamster.

- Zwischen Nomen und Artikel stehen oft noch Adjektive, die das Nomen genauer beschreiben.

der niedliche Hase, der spannende Fernsehfilm,
die langen, sonnigen Sommerferien

- Der Artikel versteckt sich manchmal in anderen kleinen Wörtern.

am = an dem, aufs = auf das, beim = bei dem,
im = in dem, ins = in das, zum = zu dem, zur = zu der

7 Einzahl- und Mehrzahlform, zusammengesetzte Nomen

Einzahl- und Mehrzahlform des Nomens

- Fast jedes Nomen wird in der Einzahlform (Singular) und in der Mehrzahlform (Plural) gebraucht.
- Meistens ändert sich in der Mehrzahlform der Artikel, manchmal ändern sich die Vokale zu Umlauten.

der Freund – die Freunde, die Tasche – die Taschen,
die Frau – die Frauen, das Kleid – die Kleider, der Pulli – die Pullis

der Mann – die Männer, die Maus – die Mäuse

Besonderheiten

- Nomen, die nur in der Einzahlform vorkommen.
  das Laub, das Obst, das Vieh, die Milch, die Kälte
- Nomen, die nur in der Mehrzahlform vorkommen.
  die Eltern, die Masern, die Ferien, die Leute, die Möbel
- Nomen, die sich in der Einzahl- und Mehrzahlform nur durch den Gebrauch des Artikels unterscheiden.
  der Stiefel – die Stiefel, der Koffer – die Koffer,
  der Lehrer – die Lehrer, der Finger – die Finger
- Nomen, deren Mehrzahlform schwer zu bilden ist.
  der Kaktus – die Kakteen, das Museum – die Museen,
  das Album – die Alben, der Rhythmus – die Rhythmen

Zusammengesetzte Nomen

- Nomen können aus mehreren Wörtern zusammengesetzt werden.
  Der Artikel wird immer vom letzten Wort bestimmt.
  Das zusammengesetzte Nomen wird nur am Wortanfang großgeschrieben.

das Haus + der Schlüssel = der Hausschlüssel
die Kartoffel + der Salat = der Kartoffelsalat
der Zahn + der Arzt + die Praxis = die Zahnarztpraxis

- Das erste Wort erklärt das zweite Wort genauer.
  Das erste Wort nennt man **Bestimmungswort**,
  das zweite wird **Grundwort** genannt.

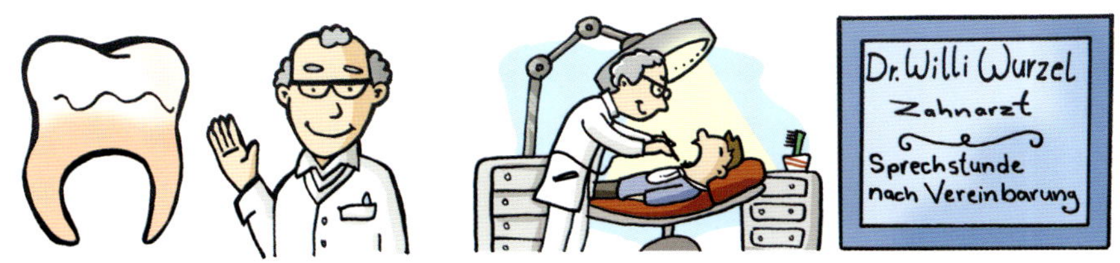

- Manchmal wird zwischen zwei Nomen ein Verbindungsbaustein eingefügt.
  die Zeitung + das Papier = das Zeitungspapier
  die Geburt + der Tag + die Party = die Geburtstagsparty
- Nomen können sich aus Verben und Nomen zusammensetzen.
  wandern + der Stiefel = der Wanderstiefel
  schreiben + der Tisch = der Schreibtisch
- Nomen können sich aus Adjektiven und Nomen zusammensetzen.
  steil + die Kurve = die Steilkurve
  bunt + das Papier = das Buntpapier

8 Die vier Fälle des Nomens

- Nomen können in einem Satz oder in einem Text unterschiedliche Artikel haben.
  Die unterschiedlichen Artikel zeigen die verschiedenen Fälle des Nomens an.
  Je nachdem, in welchem Fall ein Nomen benutzt wird, ändert sich auch dessen Form.
  Mithilfe der Fragewörter wer, wessen, wem oder wen können die vier Fälle bestimmt werden.

Der Reiter trabt mit seinem Pferd auf der Wiese. Plötzlich gewittert es und das Pferd des Reiters erschrickt sich.
Dem Reiter wird angst und bange. Zum Glück wirft das Pferd den Reiter nicht ab.

1. Fall	Nominativ	Wer oder was	trabt mit seinem Pferd?	Der Reiter …
2. Fall	Genitiv	Wessen	Pferd erschrickt sich?	Das Pferd des Reiters …
3. Fall	Dativ	Wem	wird angst und bange?	Dem Reiter …
4. Fall	Akkusativ	Wen oder was	wirft das Pferd nicht ab?	Den Reiter …

1. Fall	Der Baum hat grüne Blätter.	der	Die Klasse 4a ist nett.	die	Das Heft ist neu.	das
2. Fall	Die Blätter des Baumes sind saftig.	des	Die Kinder der Klasse sind fleißig.	der	Die Seiten des Heftes sind leer.	des
3. Fall	Dem Baum geht es gut.	dem	Der Klasse wird ein Preis verliehen.	der	Das Kind schreibt in dem Heft.	dem
4. Fall	Der Gärtner pflegt den Baum.	den	Frau Klein unterrichtet die Klasse gern.	die	Das Kind zeigt Oma das Heft.	das

9 Fürwörter

Persönliche Fürwörter

- Persönliche Fürwörter (Personalpronomen) vertreten eine oder mehrere Personen.
- Persönliche Fürwörter können anstelle eines Nomens stehen. Sie sorgen dafür, dass Nomen nicht so oft wiederholt werden müssen.

Fritz will seinen Drachen steigen lassen.
Er hält ihn an der Schnur fest.
Plötzlich reißt sie. Der Drachen fliegt fort.
Nirgendwo ist er zu finden. Wie schade!

Einzahlform (Singular)

1. Person:	ich	Ich lese ein Buch.
2. Person:	du	Du liest ein Buch.
3. Person:	er, sie, es	Er liest ein Buch.

Mehrzahlform (Plural)

1. Person:	wir	Wir lesen ein Buch.
2. Person:	ihr	Ihr lest ein Buch.
3. Person:	sie	Sie lesen ein Buch.

Rückbezügliche Fürwörter

- Rückbezügliche Fürwörter (Reflexivpronomen) beziehen sich auf die genannte Person oder den genannten Gegenstand.

Einzahlform (Singular)

1. Person:	mich	Ich freue mich.
2. Person:	dich	Du freust dich.
3. Person:	sich	Er freut sich.

Mehrzahlform (Plural)

1. Person:	uns	Wir freuen uns.
2. Person:	euch	Ihr freut euch.
3. Person:	sich	Sie freuen sich.

Besitzanzeigende Fürwörter

- Besitzanzeigende Fürwörter (Possessivpronomen) zeigen an, wem oder zu wem etwas gehört.

Einzahlform (Singular)

1. Person:	mein(e)	Das ist mein Platz.
2. Person:	dein(e)	Da ist dein Platz.
3. Person:	sein(e), ihr(e)	Dort ist sein Platz.

Mehrzahlform (Plural)

1. Person:	unser(e)	Wo sind unsere Plätze?
2. Person:	euer (eure)	Dort sind eure Plätze.
3. Person:	ihr(e)	Dahinten sind ihre Plätze.

10 Verben

- Richtige Sätze können wir nur bilden, wenn wir **Verben** verwenden.
  Verben werden auch **Tätigkeitswörter**, **Tun-Wörter** oder **Zeitwörter** genannt.
- Verben drücken immer Handlungen, Vorgänge oder Zustände aus.
- Verben haben eine **Grundform** und verschiedene **Personalformen**.
- Verben werden kleingeschrieben.

Dackel Paul ↑ Kaninchen. Er ↑ über die Wiese und ↑ fürchterlich.
entdeckt — rennt — bellt

Tätigkeitsverben

bezeichnen eine Handlung.

Die Kinder spielen.

Die Eltern kochen.

Vorgangsverben

bezeichnen ein Ereignis.

Der Apfel fällt vom Baum.

Jetzt regnet es.

Zustandsverben

bezeichnen eine gleichbleibende Situation.

Der Himmel ist blau.

Hans liebt Greta.

Die Grundform des Verbs

- Wenn man Verben im Wörterbuch nachschlagen will, muss man die **Grundform** (Infinitiv) kennen.
  Die Grundform eines Verbs endet fast immer auf **-en**.
- Bei einigen Verbformen ist es schwierig, die Grundform zu erkennen.

du nimmst, nahmst, hast genommen … → **nehmen**
er isst, aß, hat gegessen … → **essen**
du liest, lasest, hast gelesen … → **lesen**

gelogen → **lügen**	nahm → **nehmen**	floh → **fliehen**
trug → **tragen**	lag → **liegen**	wurde → **werden**

Die Grundform von ich bin, du bist, er ist, wir sind, ihr seid, sie sind bzw. ich war, du warst … heißt sein.

Die Personalformen des Verbs

- Die **Verb-Endung** zeigt die **Personalform** an.

Ich lache!

Wir lachen!

Einzahlform (Singular)
1. Person Einzahl: ich lache, spiele, male, lerne, gehe
2. Person Einzahl: du lachst, spielst, malst, lernst, gehst
3. Person Einzahl: er, sie, es lacht, spielt, malt, lernt, geht

Mehrzahlform (Plural)
1. Person Mehrzahl: wir lachen, spielen, malen, lernen, gehen
2. Person Mehrzahl: ihr lacht, spielt, malt, lernt, geht
3. Person Mehrzahl: sie lachen, spielen, malen, lernen, gehen

11 Zeitformen der Verben (1)

- Verben können in verschiedene Zeitformen gesetzt werden.
- Die wichtigsten Zeitformen sind die **Gegenwartsform** (Präsens), die **einfache Vergangenheitsform** (Präteritum), die **zusammengesetzte Vergangenheitsform** (Perfekt) und die **Zukunftsform** (Futur).

Die Gegenwartsform

Die **Gegenwartsform** (Präsens) verwendet man in den folgenden Fällen.

- Wenn jemand jetzt – in diesem Moment – etwas tut.

Frau Müller **schreibt** einen Brief.
Sie **sitzt** am Computer.

- Wenn jetzt – in diesem Moment – etwas passiert.

Die Ampel **springt** auf Grün.
Die Autos **fahren** los.

- Wenn ein gegenwärtiger Sachverhalt/Zustand beschrieben wird.

Umut **geht** in die 4. Klasse.
Er **kommt** aus der Türkei.

Die einfache Vergangenheitsform

- Die **einfache Vergangenheitsform** oder **1. Vergangenheitsform** (Präteritum) verwendet man meistens, wenn schriftlich über etwas berichtet wird, was bereits vorbei ist.

  Man nennt sie auch **Schreibvergangenheit**.

- Bei einfachen (regelmäßigen) Verben werden immer folgende Bausteine eingesetzt bzw. angehängt.

ich	mal**te**
du	mal**test**
er, sie, es	mal**te**
wir	mal**ten**
ihr	mal**tet**
sie	mal**ten**

- Bei vielen Verben ändert sich in der einfachen Vergangenheitsform der Wortstamm.

sehen → **sah**	**lauf**en → **lief**	**fahr**en → **fuhr**
ich **sah**	ich **lief**	ich **fuhr**
du **sah**st	du **lief**st	du **fuhr**st
er **sah**	er **lief**	er **fuhr**
wir **sah**en	wir **lief**en	wir **fuhr**en
ihr **sah**t	ihr **lief**t	ihr **fuhr**t
sie **sah**en	sie **lief**en	sie **fuhr**en

12 Zeitformen der Verben (2)

Die zusammengesetzte Vergangenheitsform

- Die zusammengesetzte Vergangenheitsform oder 2. Vergangenheitsform (Perfekt) verwendet man meistens, wenn über etwas gesprochen wird, was bereits vorbei ist.

  Man nennt sie auch Sprechvergangenheit.

- Die zusammengesetzte Vergangenheitsform bildet man mit den Hilfsverben haben oder sein.

haben	
ich habe	geschlafen
du hast	geschlafen
er hat	geschlafen
wir haben	geschlafen
ihr habt	geschlafen
sie haben	geschlafen

sein	
ich bin	gelaufen
du bist	gelaufen
sie ist	gelaufen
wir sind	gelaufen
ihr seid	gelaufen
sie sind	gelaufen

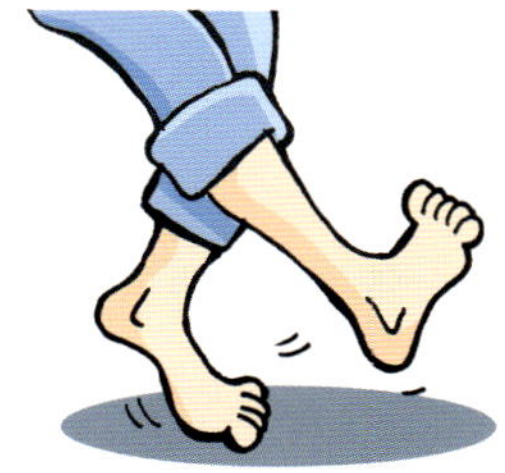

- Wenn man ein Verb mit den Wörtern etwas oder jemanden verwenden kann, bildet man die zusammengesetzte Vergangenheitsform mit dem Hilfsverb haben.

etwas sehen → Sie hat gesehen.
etwas essen → Er hat gegessen.
etwas träumen → Ich habe geträumt.

jemanden treffen → Du hast Ole getroffen.
jemanden anrufen → Er hat Ali angerufen.
jemanden ärgern → Ich habe Anne geärgert.

- Wenn Verben eine Bewegung oder eine Veränderung anzeigen, bildet man die zusammengesetzte Vergangenheitsform mit dem Hilfsverb sein.

Ich bin zur Schule gefahren.
Wir sind Schlittschuh gelaufen.
Er ist zum Bus gerast.

Die Hose passt nicht mehr. Ich bin gewachsen.
Ich habe fest geschlafen. Jetzt bin ich aufgewacht.
Alles ist viel zu groß. Ich bin geschrumpft.

Die Zukunftsform

- Die Zukunftsform (Futur) bezeichnet etwas, das irgendwann in der Zukunft passieren wird. Diese Form wird eher selten gebraucht.
- Man bildet sie mit dem Verb werden.

Ich werde bald Geburtstag feiern.
Du wirst bald Geburtstag feiern.
Er wird bald Geburtstag feiern.

Wir werden bald Ferien haben.
Ihr werdet bald Ferien haben.
Sie werden bald Ferien haben.

13 Adjektive

- Adjektive beschreiben, wie Menschen, Tiere, Pflanzen und Dinge sind und welche Eigenschaften sie haben.
- Adjektive nennt man auch **Eigenschaftswörter** oder **Wie-Wörter**.
- Adjektive werden kleingeschrieben.

Was Adjektive können

Adjektive beschreiben, wie etwas aussieht.	**Personen**: groß, klein, winzig, dick, dünn, mollig, stark, freundlich **Kleidung**: sauber, dreckig, neu, alt, unordentlich, modisch, schick **Wetter**: wolkig, sonnig, trüb, regnerisch, herrlich, windig, klar
Adjektive beschreiben, wie sich etwas anfühlt.	**Watte**: weich, kuschelig, flauschig, zart, leicht **CD**: glatt, rund, schmal, hauchdünn, kühl **Stein**: rau, kantig, rund, eckig, schwer, stumpf, rissig
Adjektive beschreiben, wie etwas schmeckt.	**Apfelsaft**: kalt, warm, süß, säuerlich, prickelnd, lecker, erfrischend **Pommes frites**: köstlich, heiß, frisch, eklig, fettig, salzig, mehlig **Hähnchen**: knusprig, zart, scharf, köstlich, trocken, zäh, gut
Adjektive beschreiben, wie sich etwas anhört.	**Musik**: laut, leise, schrill, dumpf, unangenehm, melodisch **Stimmen**: hell, dunkel, piepsig, krächzend, angenehm, nett, klangvoll **Geräusche**: schön, schrecklich, störend, nervig, komisch
Adjektive beschreiben Gedanken, Stimmungen und Gefühle.	**auf einer Geburtstagsfeier**: aufregend, spannend, toll, abwechslungsreich **vor einer Klassenarbeit**: nervös, aufgeregt, sicher, cool, ängstlich **bei der Note 4**: enttäuscht, sauer, betrübt, unglücklich, neidisch

- Adjektive können zwischen einem Artikel und einem Nomen stehen.
- Adjektive **verändern ihre Form**, wenn sie vor einem Nomen stehen.

Der Weg ist schmal.	der schmal**e** Weg
Die Lehrerin ist streng.	die streng**e** Lehrerin
Das Wetter ist nass und kalt.	das nasskalt**e** Wetter

14 Steigerungsformen der Adjektive, Gegensatzpaare

Die Steigerung von Adjektiven

- Grundstufe (Positiv)
  1. Steigerungsstufe (Komparativ)
  2. Steigerungsstufe (Superlativ)

Das Fahrrad ist schnell.	Ein Fahrrad ist teuer.
Das Auto ist schneller.	Ein Moped ist teurer.
Das Flugzeug ist am schnellsten.	Ein Auto ist am teuersten.

- Manche Steigerungsformen musst du dir gut merken.

hoch – höher – am höchsten
nah – näher – am nächsten
gut – besser – am besten
viel – mehr – am meisten

- Manche Adjektive lassen sich nicht steigern.

blind, dreieckig, einmalig, tot,
fertig, leer, rund, einzig

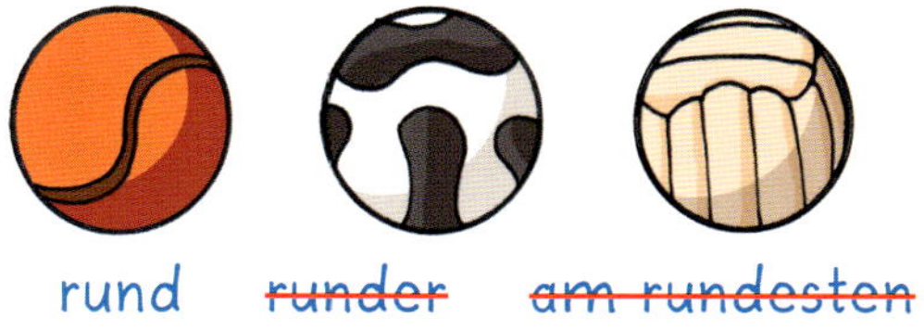

Vergleiche mit Adjektiven

- Ungleiches beschreibst du mit dem Vergleichswort **als** und dem Adjektiv in der 1. Vergleichsstufe.

Lotte ist **kleiner als** Paul.
Paul ist **größer als** Lotte.

- Gleiches beschreibst du mit dem Vergleichswort **wie**.
  Dabei verwendest du die Grundstufe bzw. Grundform des Adjektivs.

Paul ist **so groß wie** Susi.
Susi ist **so klein wie** Paul.

Gegensatzpaare

- Mit Adjektiven kannst du **Gegensatzpaare** bilden.

rund – eckig
schwer – leicht
schmal – breit

hoch – niedrig
leer – voll
schmutzig – sauber

15 Verhältniswörter, Bindewörter

Verhältniswörter

- **Verhältniswörter** (Präpositionen) stellen eine Beziehung zwischen Wörtern her. Sie stehen meistens vor Nomen.
- Die meisten Verhältniswörter sagen etwas über den Ort (neben, über, unter) oder über die Zeit aus (bis, seit, während).

Paul liegt **auf** dem Bett.

Paul liegt **neben** dem Bett.

Paul liegt **unter** dem Bett.

- Verhältniswörter verändern ihre Form nie.
- Auf ein Verhältniswort folgt fast immer ein Nomen im **3. Fall (Dativ)** oder im **4. Fall (Akkusativ)**.

Der Baum steht **auf** der Wiese.
Die Birne hängt **an** dem Baum.
Die Birne fällt **von** dem Baum.
Das Nest ist **zwischen** den Zweigen.
Die Amsel fliegt **über** den Baum.
Das Wiesel klettert **durch** die Äste.
Die Pilze wachsen **neben** dem Baum.
Die Maus lebt **unter** dem Baum.

Der Hund läuft **aus dem Garten**.
Der Hund läuft **durch den Garten**.

Lisa spielt **auf dem Schulhof**.
Lisa läuft **auf den Schulhof**.

Bindewörter

- **Bindewörter** (Konjunktionen) nennt man so, weil sie Wörter, Wortgruppen und Sätze miteinander verbinden.
- Das sind die wichtigsten Bindewörter:
  als, bevor, dass, nachdem, ob, obwohl, oder, und, weil, wie, wenn.
- Bindewörter verändern ihre Form nie.

Ich konnte gestern nicht zur Schule. Ich war krank.
Ich konnte gestern nicht zur Schule, **weil** ich krank war.

In der 1. Stunde habe ich Mathe. In der 2. Stunde habe ich Deutsch.
In der 1. Stunde habe ich Mathe **und** in der 2. Stunde Deutsch.

Im Diktat habe ich eine Zwei. Ich habe nicht geübt.
Im Diktat habe ich eine Zwei, **obwohl** ich nicht geübt habe.

Ich weiß, dass Petzen doof ist. Es gehört sich nicht.
Ich weiß, dass Petzen doof ist **und** sich nicht gehört.

Ich war unterwegs. Es fing plötzlich an zu regnen.
Ich war unterwegs, **als** es plötzlich anfing zu regnen.

16 Umstandswörter

- **Umstandswörter** (Adverbien) geben an, **wo**, **wann**, **wie** oder **warum** etwas geschieht. Sie beziehen sich meistens auf ein Verb.

da | morgens | kopfüber | darum

- Umstandswörter können nicht zwischen einem Artikel und einem Nomen stehen.

das ~~dort~~ Kind | das ~~gern~~ Kind
das ~~immer~~ Kind | das ~~sehr~~ Kind

- Umstandswörter verändern ihre Form in der Regel nicht.

hier | ~~hierer~~ | ~~am hiersten~~

dann | ~~danner~~ | ~~am dannsten~~

Umstandswörter des Ortes geben an, wo etwas geschieht.	hier, da, dort, draußen, unten, oben, rechts, links, vorn, hinten, dahinten, überall	Mia spielt **draußen** im Sand. Lars klettert **oben** auf dem Gerüst. Niklas hüpft **von rechts nach links**. Julia läuft **vorn**, Lars läuft **dahinter**. 
Umstandswörter der Zeit geben an, wann etwas geschieht.	abends, morgens, anfangs, bald, gestern, heute, dann, jetzt, immer, oft, endlich	Ich darf **abends** nicht fernsehen. Es gibt **bald** Ferien. Ich habe **immer** gute Laune. Es gibt **jetzt** Essen. 
Umstandswörter der Art und Weise geben an, wie etwas geschieht.	gern, genug, kaum, kopfüber, rückwärts, vielleicht, sehr, sogar	Ich lese **gern**. Ich habe **genug** gegessen. Ich habe **kaum** geschlafen. Ich springe **kopfüber** ins Wasser. 
Umstandswörter des Grundes geben an, warum etwas geschieht.	also, daher, darum, deshalb, deswegen, dennoch	Ich mag dich. **Deshalb** helfe ich dir. Du hast mich geärgert. **Deswegen** bin ich traurig. Es donnert und blitzt. **Daher** bleibe ich im Haus.

17 Satzarten, Satzzeichen (1)

Ein Satz ist ein zusammenhängender einzelner Gedanke.

Satzzeichen

- Satzzeichen erleichtern das Lesen.
- Sie gliedern die Wörter und Sätze eines Textes.
- Es gibt verschiedene Satzarten und Satzzeichen:
  - Der Aussagesatz endet mit einem Punkt.
  - Der Fragesatz endet mit einem Fragezeichen?
  - Der Ausrufesatz oder Befehlssatz endet mit einem Ausrufezeichen!

Das ist ein Text ohne Satzzeichen:

Ich habe zwei Katzen in meinem Aquarium schwimmen zehn Fische in einem Käfig sitzt mein Hamster im Pferdestall draußen habe ich ein Pony in einem Karton krabbelt die Schildkröte und der Pudel bellt auf dem Hof der Löwenmann schaut mich aus dem Bilderbuch an

Das ist der Text mit Satzzeichen:

Ich habe zwei Katzen. In meinem Aquarium schwimmen zehn Fische. In einem Käfig sitzt mein Hamster. Im Pferdestall draußen habe ich ein Pony. In einem Karton krabbelt die Schildkröte und der Pudel bellt auf dem Hof. Der Löwenmann schaut mich aus dem Bilderbuch an.

Aussagesätze

- Aussagesätze berichten und erzählen von einem Geschehen bzw. beschreiben dies genauer.

Der Drache kam näher und näher.
Die Drachen gehören zu den Fabelwesen.
Drachen haben Flügel.

Fragesätze

- Fragesätze können mit einem Fragewort beginnen.

Was hast du gestern gemacht?
Wieso bist du nicht gekommen?
Warum bist du so schlecht gelaunt?
Wer war gestern im Kino?
Weshalb hast du mir nicht Bescheid gesagt?

- Fragesätze können auch mit einem Verb beginnen.

Kannst du mir einen Radiergummi ausleihen?
Möchtest du lieber Nudeln oder Reis essen?

Ausrufe- und Befehlssätze

- Ausrufesätze drücken Gefühle oder Gedanken aus.

Grammatik ist ja so schwer zu verstehen! Ich habe keine Lust mehr!
Das ist ja prima! Ich freue mich schon so!

- Befehlssätze fordern eine andere Person auf, etwas zu tun bzw. etwas zu lassen.

Lies doch noch mal nach! Schau doch genauer hin!
Hör auf zu stöhnen! Lass das Kippeln sein!

- Oft sind Fragen, Befehle und Bitten nicht leicht voneinander zu unterscheiden.

Die Lehrerin bittet: Könntest du damit endlich aufhören?
Die Lehrerin schreit: Könntest du damit endlich aufhören!

18 Satzzeichen (2)

Das Komma

- Bei Aufzählungen von Wörtern oder Wortgruppen setzt man ein Komma.
- Wenn die Bindewörter und/oder zwischen den Aufzählungen stehen, dann ersetzen sie das Komma.

Hedi mag Äpfel, Bananen, Birnen, Salat und Tomaten.

Ob am Montag, Dienstag, Mittwoch oder am Donnerstag oder Freitag die Sonne scheint?

Der Doppelpunkt

- Der Doppelpunkt steht nach einem Satz, der eine weitere Ergänzung ankündigt.

Ich habe folgende Dinge auf meine Einkaufsliste geschrieben: Salat, Brot, Wurst und Milch.

- Der Doppelpunkt steht auch nach dem Begleitsatz der wörtlichen Rede.

Nina sagt: „Ich gehe jetzt zum Einkaufen."

Die Satzzeichen in der wörtlichen Rede

- Wörtliche Rede nennt man die Stellen im Text, in denen gesprochen oder gedacht wird. Der Begleitsatz erklärt dem Leser, wer gerade etwas fragt, sagt, denkt oder fühlt.

Anna fragt: „Wann bekomme ich mein Taschengeld?"
Begleitsatz — wörtliche Rede

- Die wörtliche Rede wird immer in „Anführungszeichen" gesetzt.

„Wie immer, am Sonntag", antwortet Vater.
wörtliche Rede — Begleitsatz

- Der eingeschobene Begleitsatz wird durch Kommas abgetrennt. Beim Aussagesatz fällt der Punkt weg, wenn der Begleitsatz nachgestellt ist.

„So lange kann ich nicht warten", mault Anna, „ich brauche es jetzt."
wörtliche Rede — Begleitsatz — wörtliche Rede

- Der nachgestellte Begleitsatz wird durch ein Komma von der wörtlichen Rede abgetrennt.

„Warum brauchst du es jetzt?", fragt Vater.
wörtliche Rede — Begleitsatz

„Das geht dich nichts an!", brüllt Anna.
wörtliche Rede — Begleitsatz

19 Satzglieder

Versuche, aus diesen neun Wörtern einen Satz zu bilden. Stelle die Wörter so um, dass sie zusammenpassen.

Satzglieder

- Du siehst, dass einige Wörter oder Wortgruppen zusammengehören.
  Man kann sie im Satz verschieben oder umstellen.
- Die Wörter oder Wortgruppen, die man im Satz gemeinsam umstellen kann, nennt man **Satzglieder**.

Alle Zuschauer	lachen	im Zirkus	über den lustigen Clown.
Über den lustigen Clown	lachen	alle Zuschauer	im Zirkus.
Im Zirkus	lachen	alle Zuschauer	über den lustigen Clown.
Lachen	alle Zuschauer	im Zirkus	über den lustigen Clown?

Umstellprobe

- Die **Umstellprobe** ist das Werkzeug, mit dem du Satzglieder sicher ermitteln kannst.
- Dieser Satz besteht aus sieben Wörtern, aber nur aus vier Satzgliedern:
  Die Zuschauer beobachten gespannt die gefährliche Raubtiernummer.
- Jedes Satzglied kann am Satzanfang stehen.
- Steht ein **Verb** am Satzanfang, erhältst du einen Fragesatz.

Die Zuschauer	beobachten	gespannt	die gefährliche Raubtiernummer.
Gespannt	beobachten	die Zuschauer	die gefährliche Raubtiernummer.
Die gefährliche Raubtiernummer	beobachten	die Zuschauer	gespannt.
Beobachten	die Zuschauer	gespannt	die gefährliche Raubtiernummer?

- Durch das Umstellen der Satzglieder kannst du auch deine Texte anschaulicher gestalten.

Wir | gehen | heute | in den Zirkus.	Heute gehen wir in den Zirkus.
Ich | bin | ganz aufgeregt.	Ganz aufgeregt bin ich.
Ich | warte | ungeduldig | auf meine Freundin.	Ungeduldig warte ich auf meine Freundin.

20 Das Prädikat

- Das **Prädikat** ist das Herz des Satzes. Man nennt es auch **Satzaussage**.
- Das Prädikat ist immer ein Verb in der Personalform.

Die Sonne **schien** heiß und warm. Nirgendwo **gab** es mehr Futter.
Deswegen **gingen** zwei Frösche auf Wanderschaft.

- Im Aussagesatz ist das Prädikat immer das **zweite Satzglied**.

Stunde um Stunde | **wanderten** | sie | durch vertrocknete Wiesen und Felder.
Todmüde und durstig | **erreichten** | die Freunde | am Abend | einen Bauernhof.
Voller Freude | **entdeckten** | sie | eine große Schüssel Sahne.

- Die **Umstellprobe** hilft dir, das Prädikat zu bestimmen.

Mit letzter Kraft | **sprangen** | sie | in den Topf mit Sahne.
In den Topf mit Sahne | **sprangen** | sie | mit letzter Kraft.
Sie | **sprangen** | mit letzter Kraft | in den Topf mit Sahne.

- Die **Frageprobe** hilft dir, wenn du noch unsicher bist:
  Im Fragesatz ist das Prädikat fast immer das erste Satzglied.

Sprangen | sie | mit letzter Kraft | in den Topf mit Sahne?

- Die **Verbprobe** hilft dir ebenso, das Prädikat zu erkennen:
  Von jedem Prädikat kannst du die Grundform bilden.

schien – scheinen	wanderten – wandern
sprangen – springen	gab – geben
erreichten – erreichen	gingen – gehen

- Oft besteht das Prädikat aus **zwei oder mehreren Teilen**:
  Aus dem Verb und aus Wörtern, die zu dem Verb gehören.
  Ein solches Prädikat wird auch **Verbklammer** genannt.

Endlich | **hatten** | sie | sich satt **getrunken**.

Mit einem Satz | **wollten** | sie | jetzt | nach draußen | **springen**.

Doch | sie | **rutschten** | an den glatten Wänden | **ab**.

- Wenn du Texte schreibst, kannst du das Prädikat (die Satzaussage) auch verstärken. So werden deine Texte anschaulicher.

Nun | **paddelten und strampelten** | sie | um ihr Leben.
Der eine Frosch | **ging unter und ertrank** | jämmerlich.
Der zweite Frosch | aber | **kämpfte und kämpfte** | um sein Leben.

21 Das Subjekt

- Das **Subjekt** (Satzgegenstand) gibt an, wer oder was etwas tut oder mit wem etwas geschieht. Deshalb werden Subjekte durch Nomen oder Fürwörter gebildet.
- Du kannst Subjekte mit der Frage **„Wer oder was?“** ermitteln.

- Wenn du das **Prädikat** ermittelt hast, kannst du die Frage nach dem **Subjekt** leichter stellen.

Die Sonne | schien | heiß und warm.
Alle Teiche und Seen | waren ausgetrocknet.
Deswegen | gingen | zwei Frösche | auf Wanderschaft.

Wer oder was schien heiß und warm?	die Sonne
Was war ausgetrocknet?	alle Seen und Teiche
Wer ging auf Wanderschaft?	zwei Frösche

- Wenn **das Subjekt** durch ein Fürwort ersetzt wird, ist es oft schwierig, es zu bestimmen. Du musst vorher wissen, für welches Nomen das Fürwort steht.

Stunde um Stunde | wanderten | sie | durch vertrocknete Wiesen.
Wer wanderte Stunde um Stunde durch vertrocknete Wiesen?
Sie wanderten Stunde um Stunde durch vertrocknete Wiesen.

„Sie“ steht für „zwei Frösche“.

- Manchmal helfen nur die Umstellprobe und die Bestimmung der anderen Satzglieder, um das Subjekt finden zu können.

Plötzlich | gab | es | einen lauten Knall.
Was gab plötzlich einen lauten Knall?
Es gab plötzlich einen lauten Knall.

Heute | hat | es | den ganzen Tag | schrecklich | geregnet.
Was hat heute den ganzen Tag schrecklich geregnet?
Es hat heute den ganzen Tag schrecklich geregnet.

22 Satzergänzungen (Objekte)

- Es gibt Verben im Satz, die eine oder mehrere Ergänzungen brauchen. Wenn diese Ergänzungen fehlen, ist der Satz unvollständig. Satzergänzungen nennt man auch Objekte.

- Mit den Fragewörtern „Wen oder was?" ermittelst du die Satzergänzung im 4. Fall (Wen-Ergänzung oder Akkusativobjekt).

Der Hausmeister entdeckt …

Der Hausmeister entdeckt den Dieb.

Der Hausmeister entdeckt den verlorenen Schlüssel.

Hier fragst du: Wen oder was entdeckt er?

Wen entdeckt der Hausmeister? den Dieb

Was entdeckt der Hausmeister? den verlorenen Schlüssel

- Mit dem Fragewort „Wem?" ermittelst du die Satzergänzung im 3. Fall (Wem-Ergänzung oder Dativobjekt).

Opa schenkt … einen Blumenstrauß.

Hier fragst du: Wem schenkt Opa einen Blumenstrauß?

Opa schenkt Oma einen Blumenstrauß.

- Mit dem Fragewort „Wessen?" ermittelst du die Satzergänzung im 2. Fall (Wessen-Ergänzung oder Genitivobjekt).

Wessen rühmt sich der Trainer?

Wessen überführte man ihn?

Wessen enthob man ihn?

Der Trainer rühmte sich seiner großen Taten.

Die Spieler überführten ihn des Dopings.

Man enthob ihn seines Amtes.

- Auch Fürwörter können Objekte sein.

Wem erklärt der Lehrer die Hausaufgaben? den Schülern – ihnen

Was erklärt der Lehrer den Schülern? die Hausaufgaben – sie

Der Lehrer|erklärt|den Schülern|die Hausaufgaben.

Der Lehrer|erklärt|ihnen|die Hausaufgaben.

Murrend|notieren|die Schüler|sie.

- Oft stehen vor den Objekten Verhältniswörter.
Setze dann einfach das Verhältniswort vor das Fragewort.

Über wen oder was ärgert sich Jonas?

An wem oder was kaut er wütend?

Jonas|ärgert sich|über seine Hausaufgaben.

Wütend|kaut|er|an seinem Bleistift.

23 Umstandsbestimmungen (1)

- Viele Sätze enthalten Angaben, die die Umstände eines Geschehens noch genauer erklären.
- Diese Satzglieder nennt man auch Umstandsbestimmungen (adverbiale Bestimmungen).
- Umstandsbestimmungen geben an, wo, wann, wie oder warum etwas geschieht.
- Umstandsbestimmungen sind wichtige Bausteine, z. B. für das Schreiben von Texten.

Ortsangaben

- Ortsangaben (adverbiale Bestimmungen des Ortes) sind Satzglieder, die auf folgende Fragen antworten:
  Wo?
  Wohin?

- Ortsangaben können aus einem Wort bestehen.
- Ortsangaben können aus mehreren Wörtern bestehen.

In der hintersten Ecke der Schublade lag sein Handy.
Endlich fand er dort sein Handy.
Wir fahren heute nach Berlin.
Familie Sperling fliegt in den Sommerferien in den warmen Süden.

hier, dort, links, rechts, oben, unten, vorne, hinten, vorwärts

im tiefdunklen Wald, in der hintersten Ecke des Schrankes,
in der belebten Fußgängerzone, im völlig überfüllten Fußballstadion

Zeitangaben

- Zeitangaben (adverbiale Bestimmungen der Zeit) sind Satzglieder, die auf folgende Fragen antworten:
  Wann?
  Seit wann?
  Wie lange?

- Zeitangaben können aus einem Wort bestehen.
- Zeitangaben können aus mehreren Wörtern bestehen.

Appetit hat das Krümelmonster immer.
Den Bus erreichte sie im letzten Augenblick.
Ich sitze seit drei Stunden an den Hausaufgaben.
Seit meinem letzten Geburtstag bekomme ich mehr Taschengeld.
Der Film dauerte Ewigkeiten.
Stundenlang dauerte der Film.

abends, jetzt, dann, nun, danach, immer, meistens, sofort

im nächsten Augenblick, im Anschluss, auf einmal,
vor langer Zeit, in diesem Moment, aus heiterem Himmel

24 Umstandsbestimmungen (2)

Wie-Angaben

- Wie-Angaben (adverbiale Bestimmungen der Art und Weise) sind Satzglieder, die auf die folgende Frage antworten:
  Wie?

Gespannt wartete er auf die Rückgabe der Diktate.
Entsetzt blickte er auf sein Heft.
Mit einer 5 stand er wie ein begossener Pudel vor seiner Mutter.
Mutter nahm ihn mit tröstenden Worten in die Arme.

- Wie-Angaben können aus einem Wort bestehen.

glücklich, traurig, enttäuscht, überrascht, eifersüchtig, genervt, ärgerlich, freundlich, entsetzt, schnell, übermütig, blitzschnell

- Wie-Angaben können aus mehreren Wörtern bestehen.

wie ein begossener Pudel, bis über beide Ohren verliebt, zitternd wie Espenlaub, vor Schreck erstarrt, ganz gespannt, schlecht gelaunt, mit viel Geschick, mit Kribbeln im Bauch, wie aus heiterem Himmel, schnell wie der Wind, mit letzter Kraft

Warum-Angaben

- Warum-Angaben (adverbiale Bestimmungen des Grundes) sind Satzglieder, die auf folgende Fragen antworten:
  Wieso, weshalb, warum?

Die Musik war zu laut. Deswegen hielt Sven sich die Ohren zu.
Das Zeugnis war nicht in Ordnung. Deshalb fing Anna an zu weinen.

Vor lauter Wut über die schwierigen Hausaufgaben zerriss sie ihr Heft.
Wegen der nervigen Nachbarn gab es ständig Ärger.

- Warum-Angaben können aus einem Wort bestehen.

also, darum, deshalb, daher, deswegen, sonst

- Warum-Angaben können aus mehreren Wörtern bestehen.

aus Angst, aus Übermut, aus Feigheit, aus Versehen, aus Unachtsamkeit, vor lauter Wut, vor Freude, vor lauter Glück, vor Eifersucht, wegen einer Erkältung, wegen der schlechten Note, wegen der Nachbarn

25 Stichwortverzeichnis

A
Adjektiv ... 13, 14
Adverb ... 16
Adverbiale Bestimmung ... 23, 24
– der Art und Weise ... 24
– des Grundes ... 24
– des Ortes ... 23
– der Zeit ... 23
Akkusativ ... 8
Akkusativobjekt ... 22
Alphabet ... 2
Anführungszeichen ... 18
Artikel ... 6
– bestimmt ... 6
– unbestimmt ... 6
Ausrufesatz ... 17
Ausrufezeichen ... 17
Aussagesatz ... 17

B
Befehlssatz ... 17
Begleiter ... 6
Begleitsatz ... 18
– eingeschobener ... 18
– nachgestellter ... 18
Bestimmungswort ... 7
Bindewort ... 15
Buchstabe ... 2

D
Dativ ... 8
Dativobjekt ... 22
Diphthong ... 2
Doppellaut ... 2
Doppelpunkt ... 18

E
Eigenschaftswort ... 13
Einzahlform ... 7

F
Frageprobe ... 20
Fragesatz ... 17
Fragezeichen ... 17
Fürwort ... 9
– besitzanzeigendes ... 9
– persönliches ... 9
– rückbezügliches ... 9
Futur ... 11, 12

G
Gegensatzpaar ... 14
Gegenwartsform ... 11
Genitiv ... 8
Genitivobjekt ... 22
Grundform ... 10
Grundstufe ... 14
Grundwort ... 7

H
Handlungsverb ... 10
Hauptwort ... 6
Hilfsverb ... 10

I
Infinitiv ... 10

K
Komma ... 18
Komparativ ... 14
Konjunktion ... 15
Konsonant ... 2

L
Laut ... 2
Lautieren ... 2

M
Mehrzahlform ... 7
Mitlautbuchstabe ... 2

N
Namenwort ... 6
Nomen ... 6, 7, 8
– die vier Fälle des Nomens ... 8
– Einzahl- und Mehrzahlform ... 7
– zusammengesetztes ... 7
Nominativ ... 8

O
Objekt ... 22
Ortsangabe ... 23

P
Perfekt ... 11
Personalform ... 10
Personalpronomen ... 9
Plural ... 7
Positiv ... 14
Possessivpronomen ... 9
Prädikat ... 20
Präposition ... 14
Präsens ... 11
Präteritum ... 11
Punkt ... 17

R
Reflexivpronomen ... 9

S
Satzarten ... 17
Satzaussage ... 20
Satzergänzung ... 22
– im 2. Fall ... 22
– im 3. Fall ... 22
– im 4. Fall ... 22
Satzgegenstand ... 21
Satzglied ... 19
Satzzeichen ... 17, 18
Schreibsilbe ... 3
Schreibvergangenheit ... 11
Selbstlaut ... 2
Silbe ... 3, 4
– offen ... 4
– geschlossen ... 4
Silbenkern ... 3
Singular ... 7
Sprechvergangenheit ... 12
Steigerungsform ... 14
Steigerungsstufe ... 14
– 1. Steigerungsstufe ... 14
– 2. Steigerungsstufe ... 14
Subjekt ... 21
Substantiv ... 6
Superlativ ... 14

T
Tätigkeitsverb ... 10
Tätigkeitswort ... 10
Tun-Wort ... 10

U
Umlaut ... 2
Umstandsbestimmung ... 23, 24
– der Art und Weise ... 24
– des Grundes ... 24
– des Ortes ... 23
– der Zeit ... 23
Umstandswort ... 16
– der Art und Weise ... 16
– des Grundes ... 16
– des Ortes ... 16
– der Zeit ... 16
Umstellprobe ... 19, 20

V
Verb ... 10, 11, 12
Verbklammer ... 20
Verbprobe ... 20
Vergangenheitsform ... 11, 12
– einfache ... 11
– zusammengesetzte ... 11, 12
– 1. Vergangenheitsform ... 11
– 2. Vergangenheitsform ... 11, 12
Vergleiche ... 14
Verhältniswort ... 15
Vokal ... 2
Vorgangsverb ... 10

W
Warum-Angabe ... 24
Wem-Ergänzung ... 22
Wen-Ergänzung ... 22
Wessen-Ergänzung ... 22
Wie-Angabe ... 24
Wie-Wort ... 13
Wortbaustein ... 5
Wortfamilie ... 5
Wörtliche Rede ... 18
Wortstamm ... 5

Z
Zeitangabe ... 23
Zeitform ... 11, 12
Zeitwort ... 10
Zukunftsform ... 11, 12
Zustandsverb ... 10